Impressum

ISBN: 9781689424721

Rene Schreiber
1150 Wien, Österreich
books.schreiber@gmail.com

Covergestaltung: Rene Schreiber
Auflage 1

Druck und Bindung: KDP Amazon

Printed in Poland

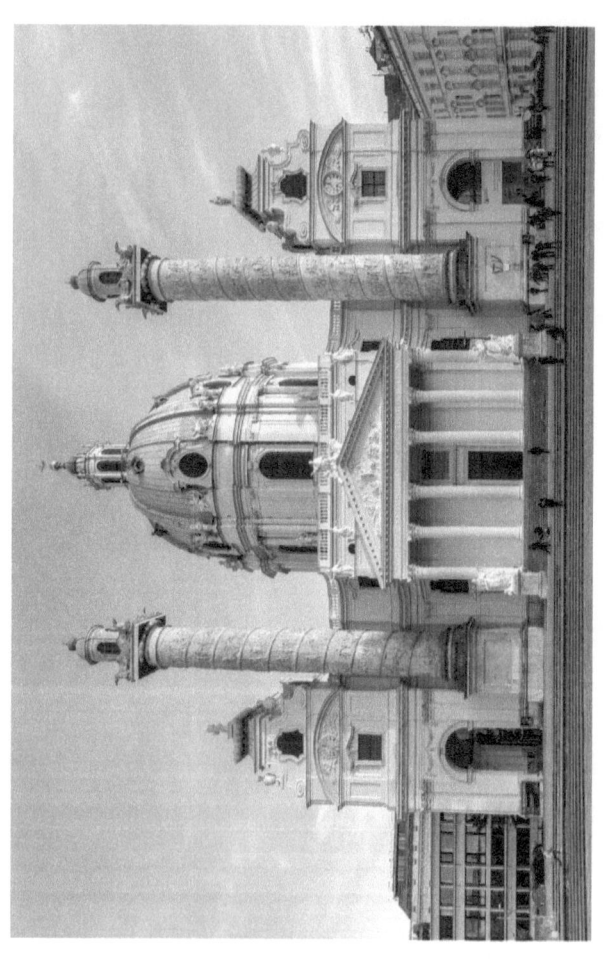

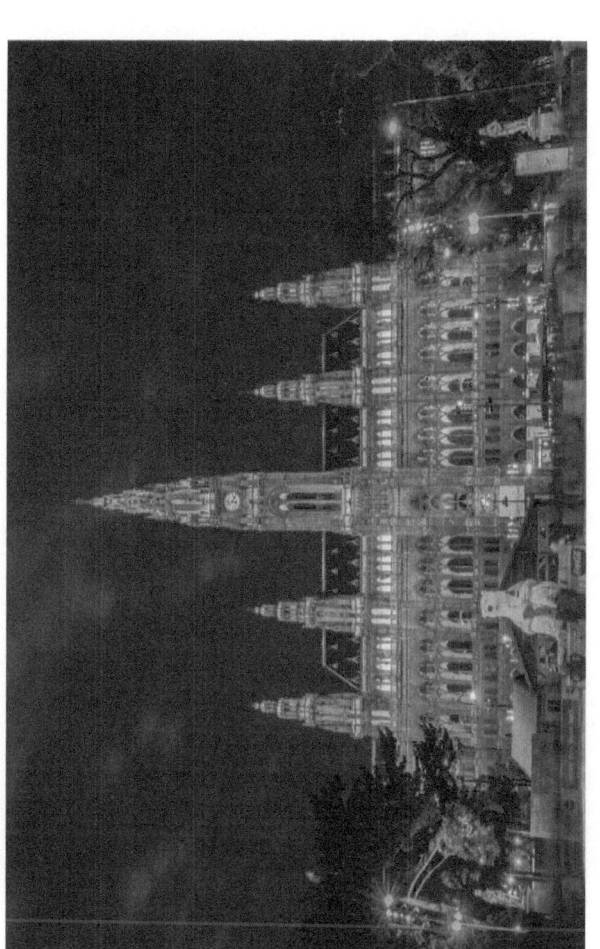

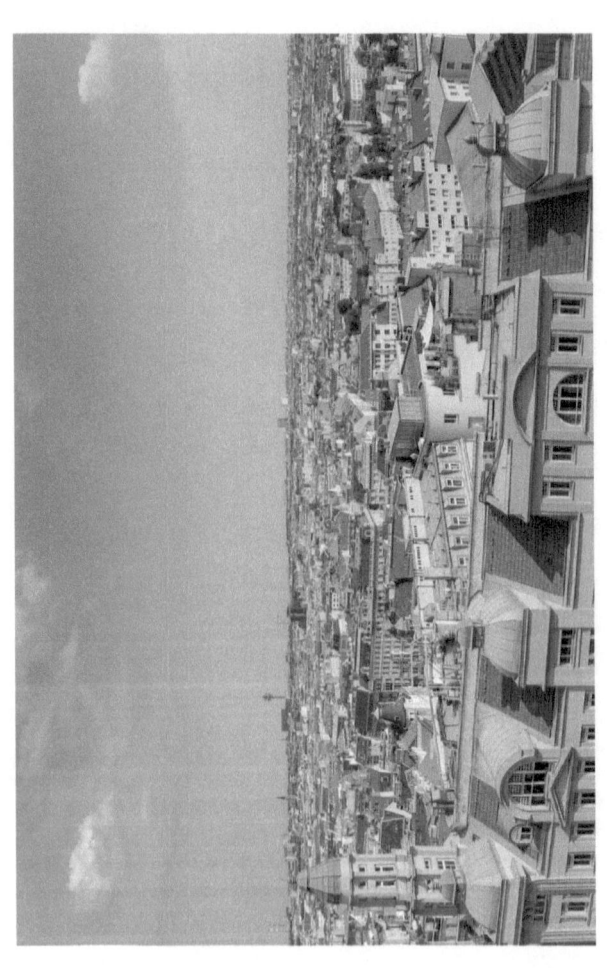

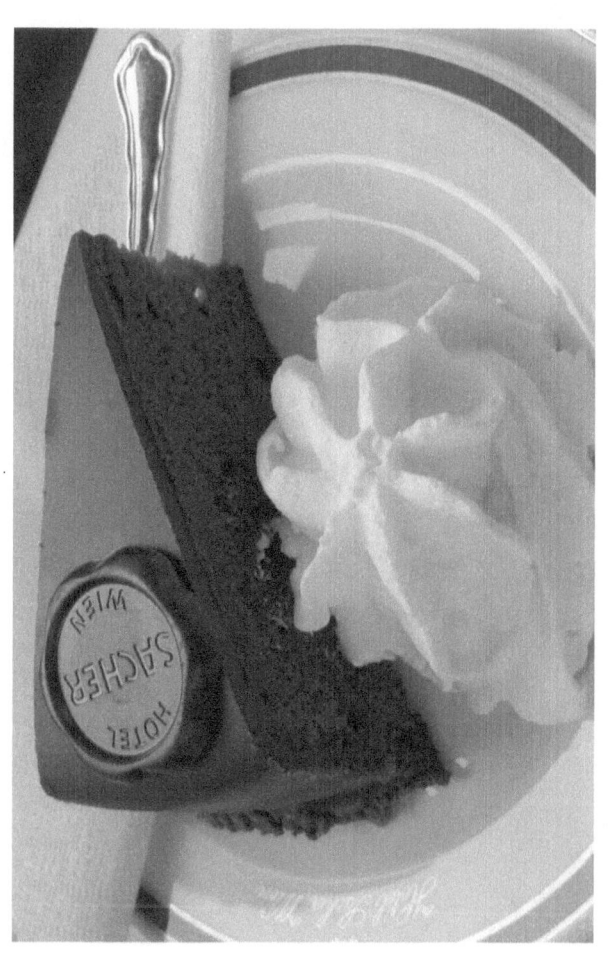

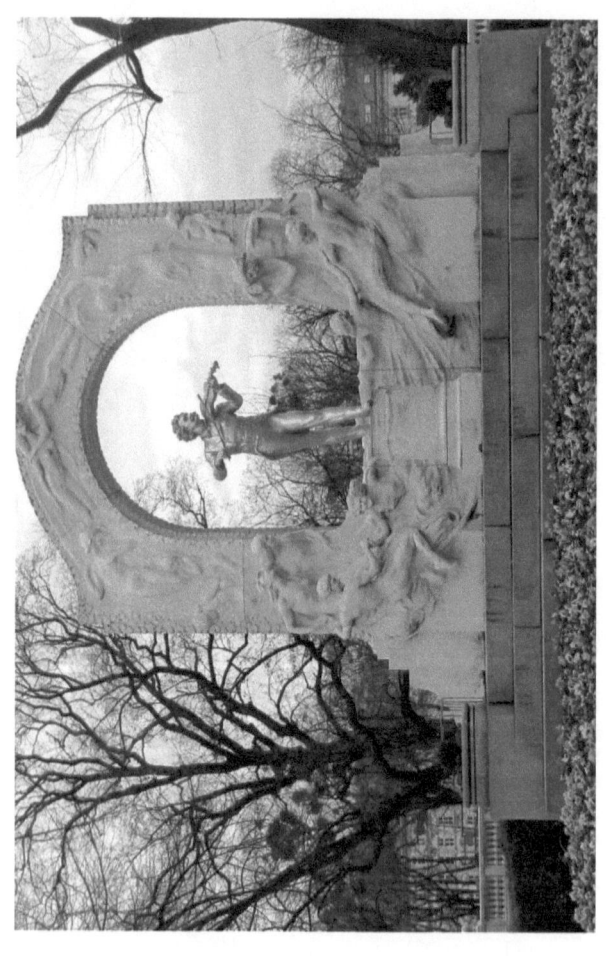

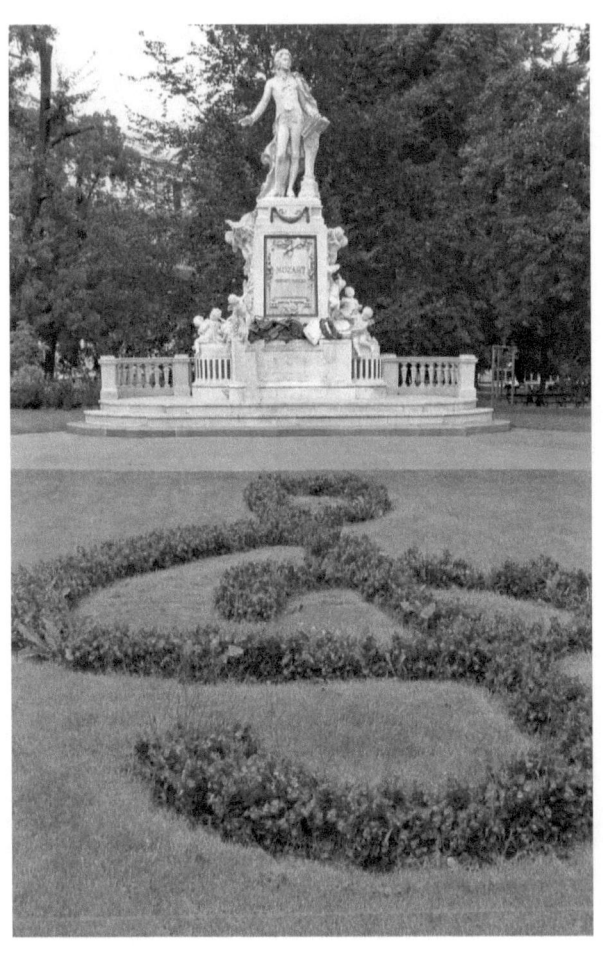

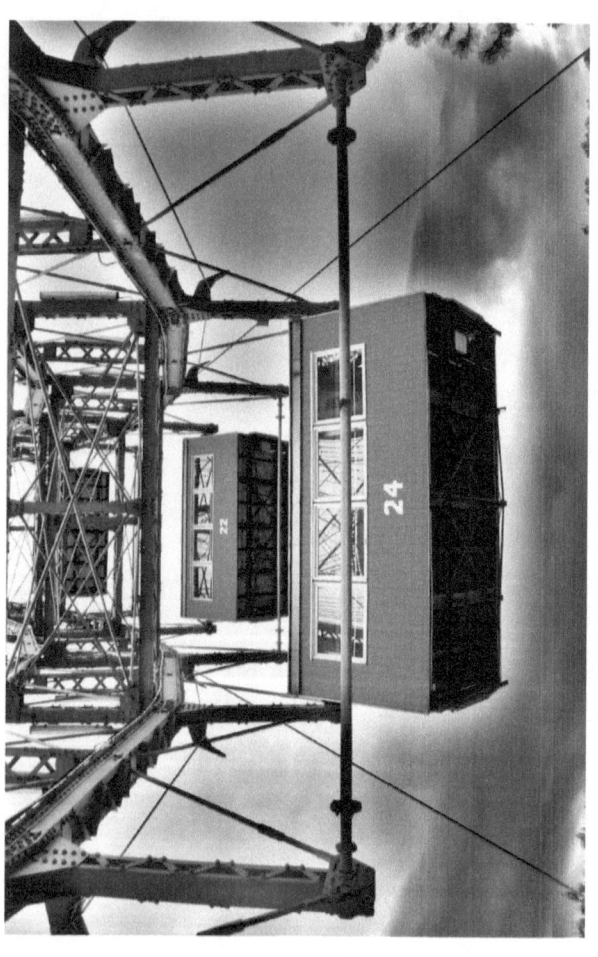

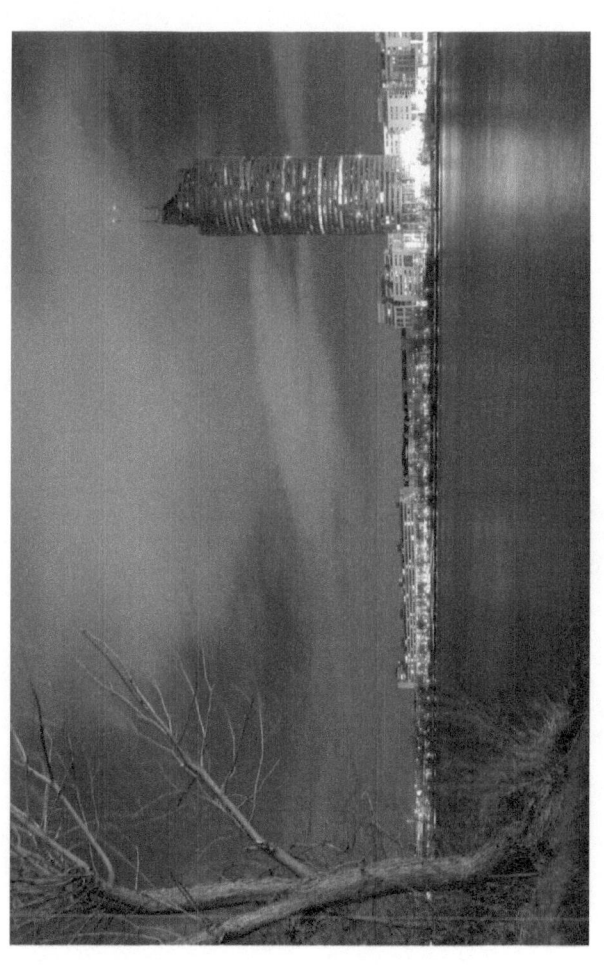

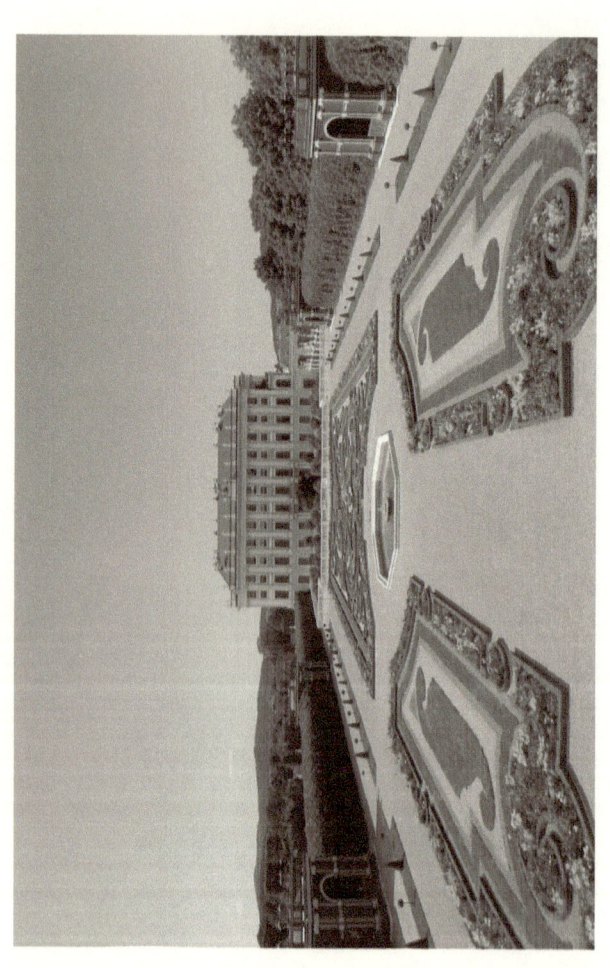

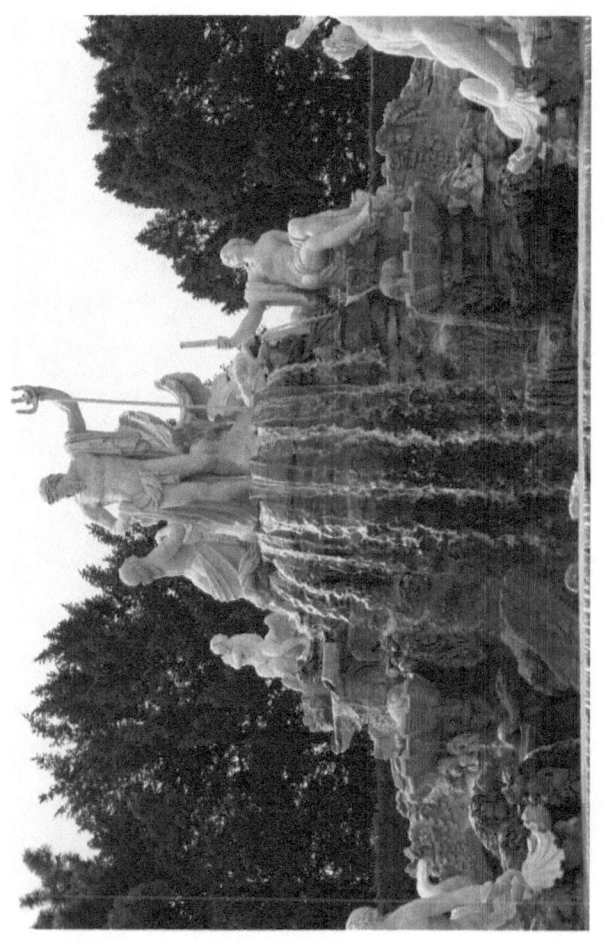

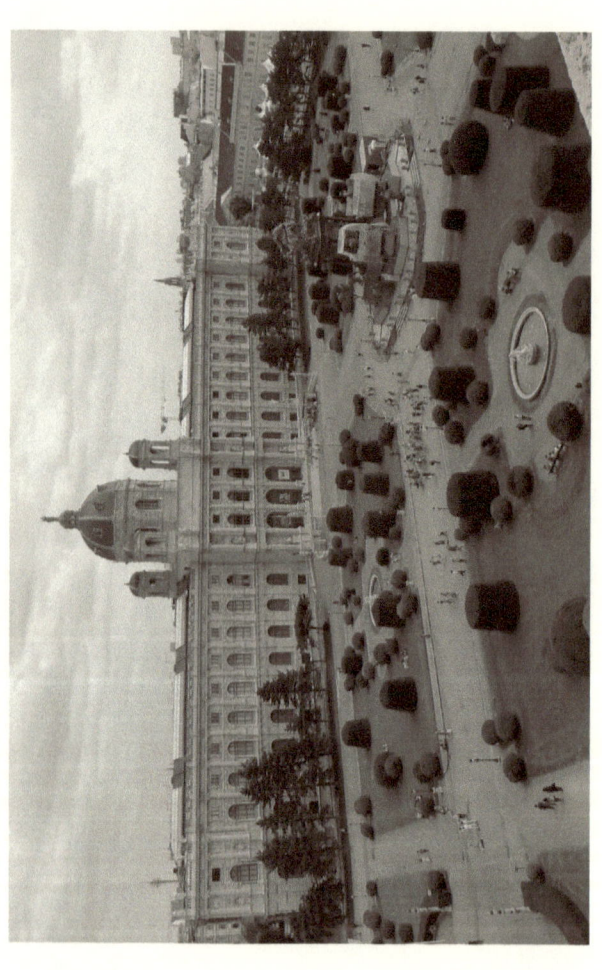

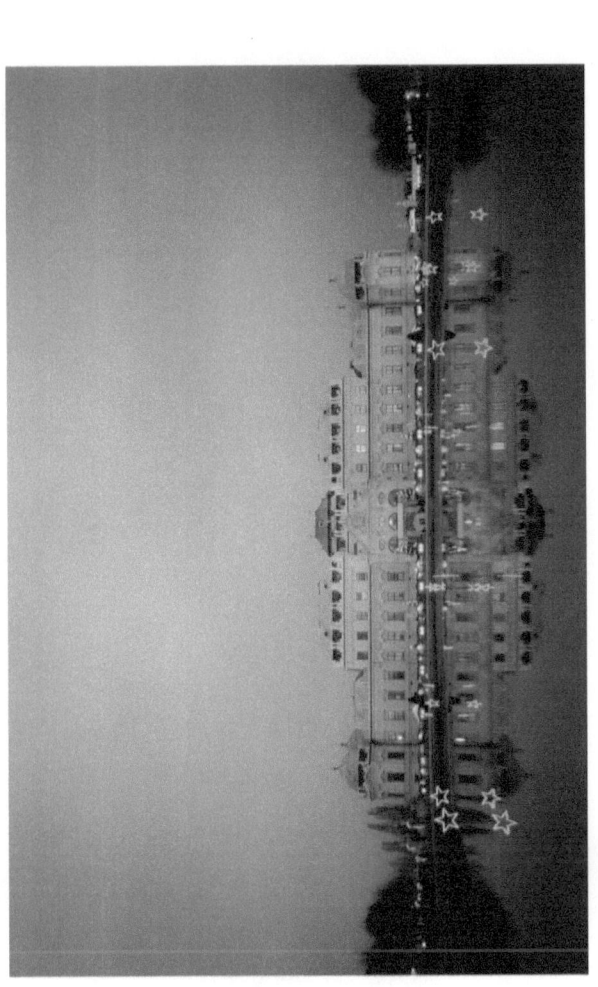

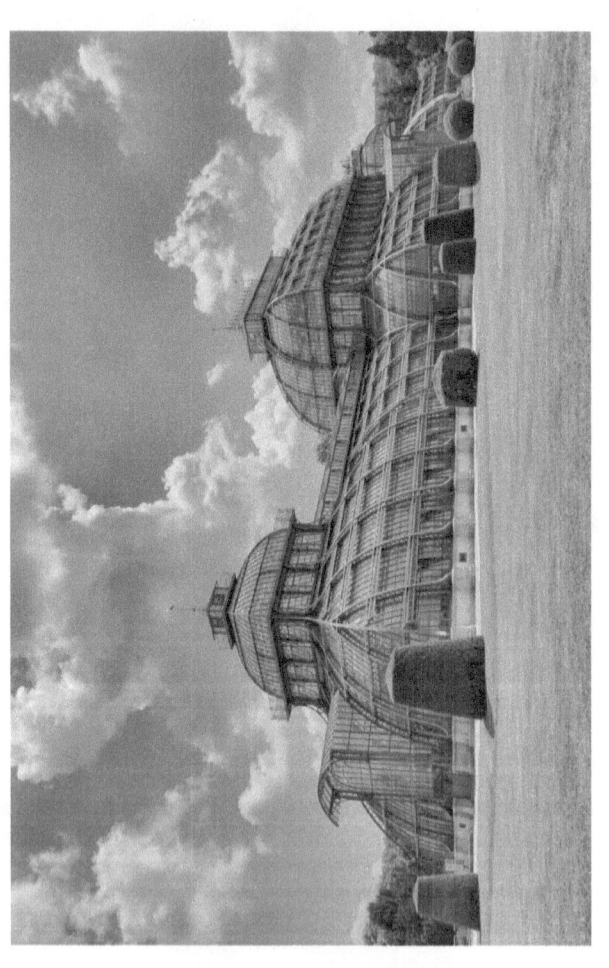

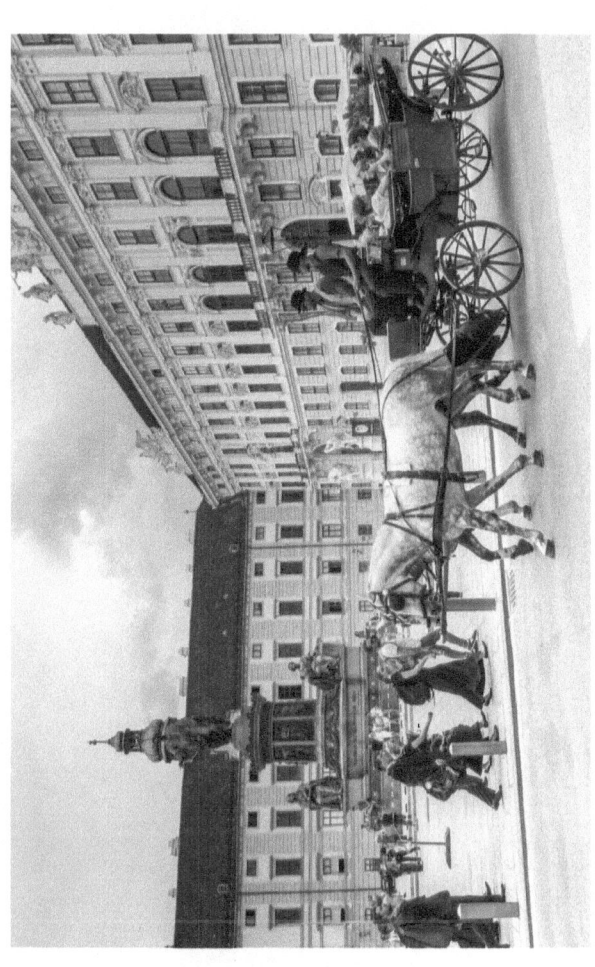

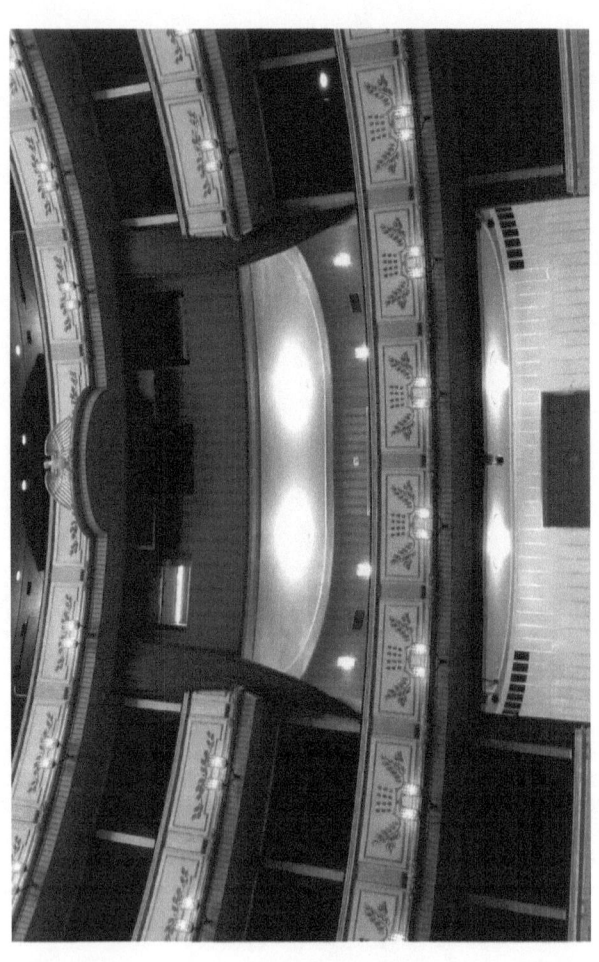

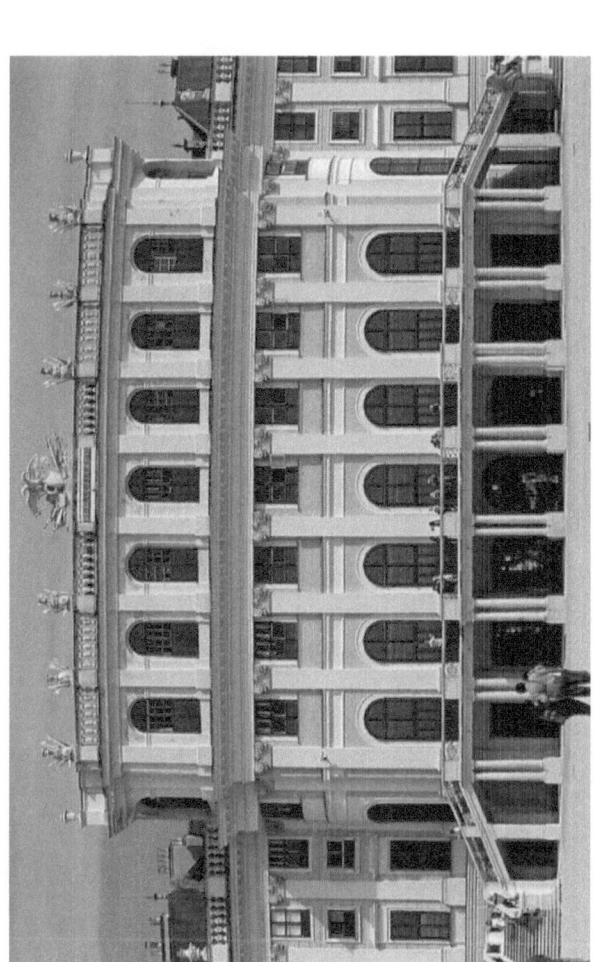

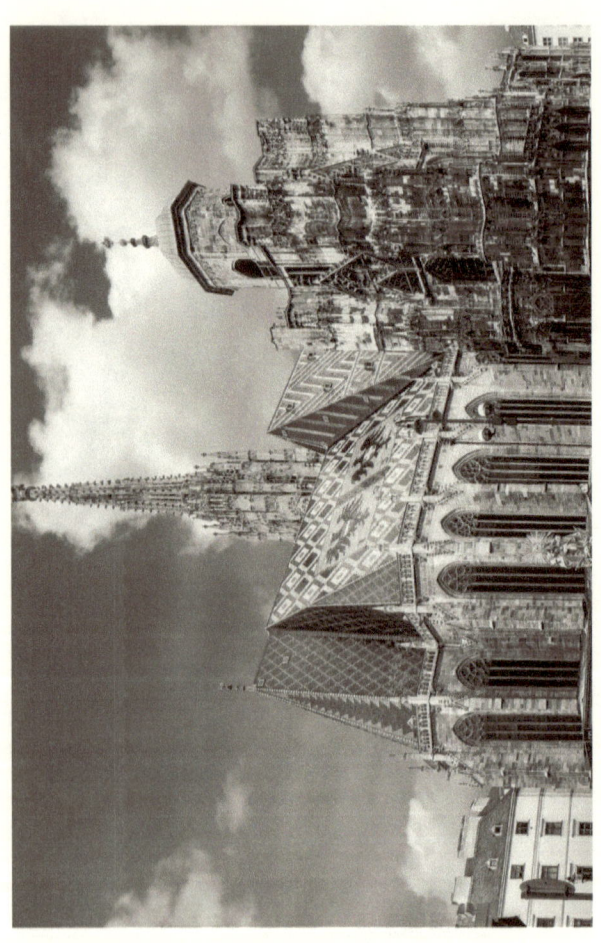

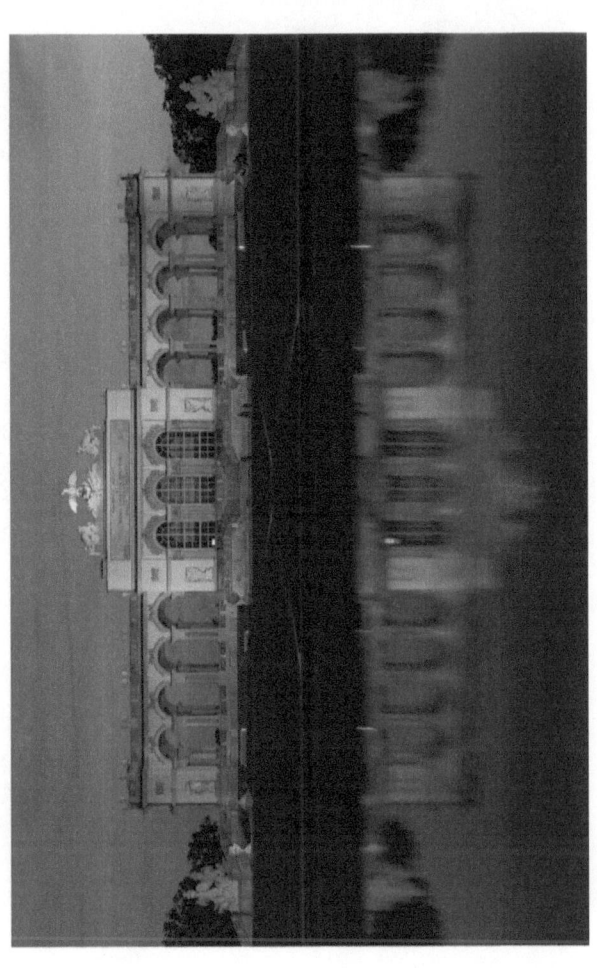

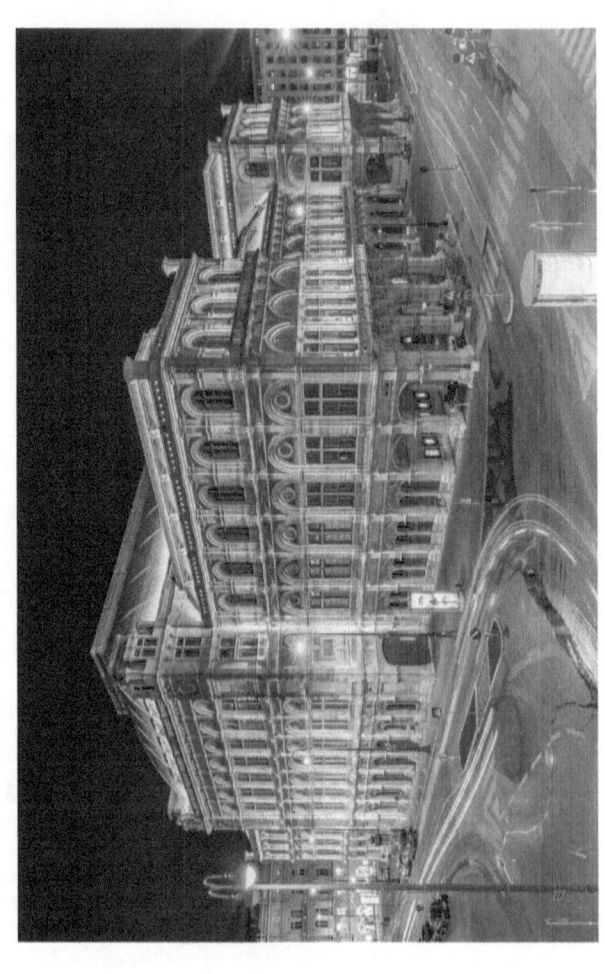

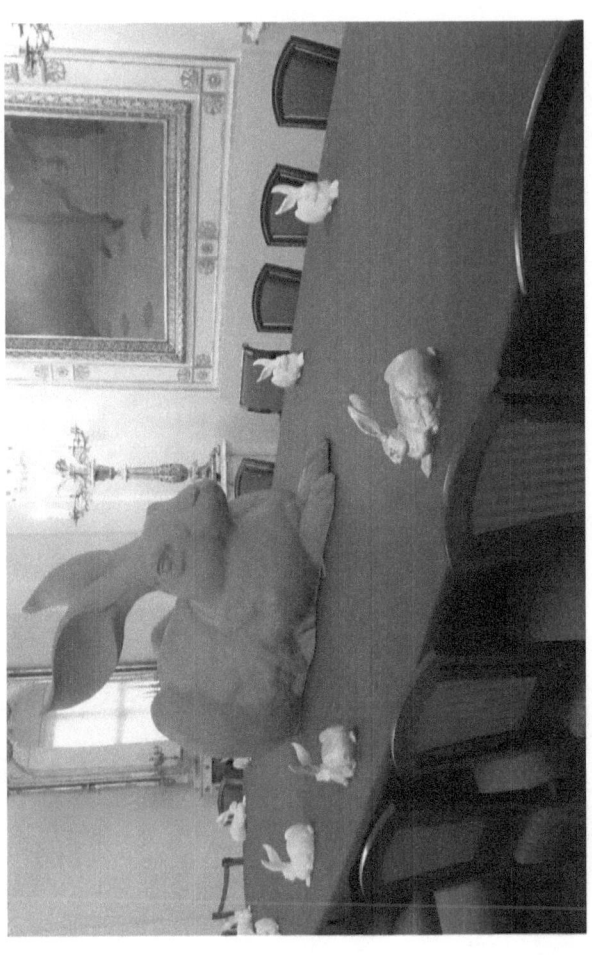

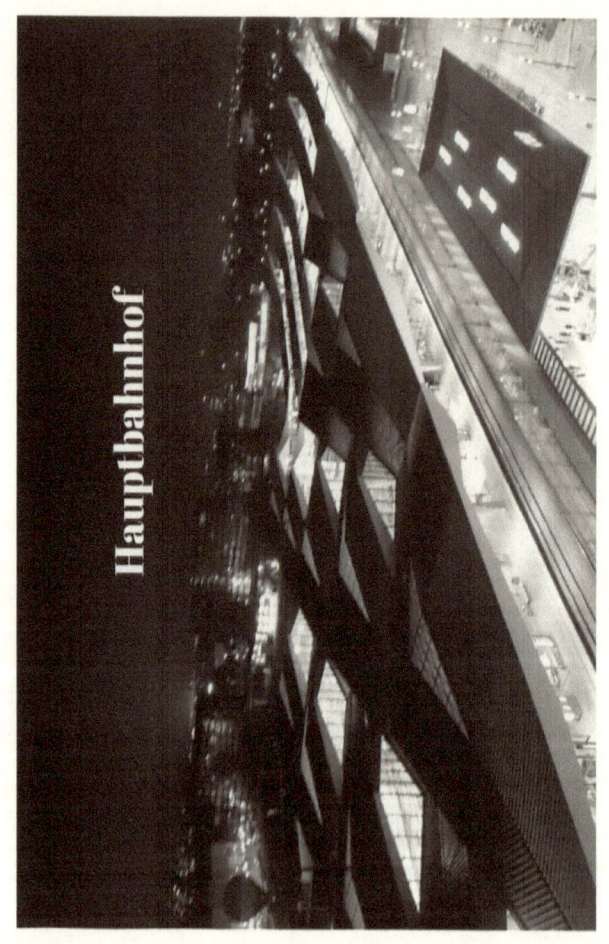

Hauptbahnhof

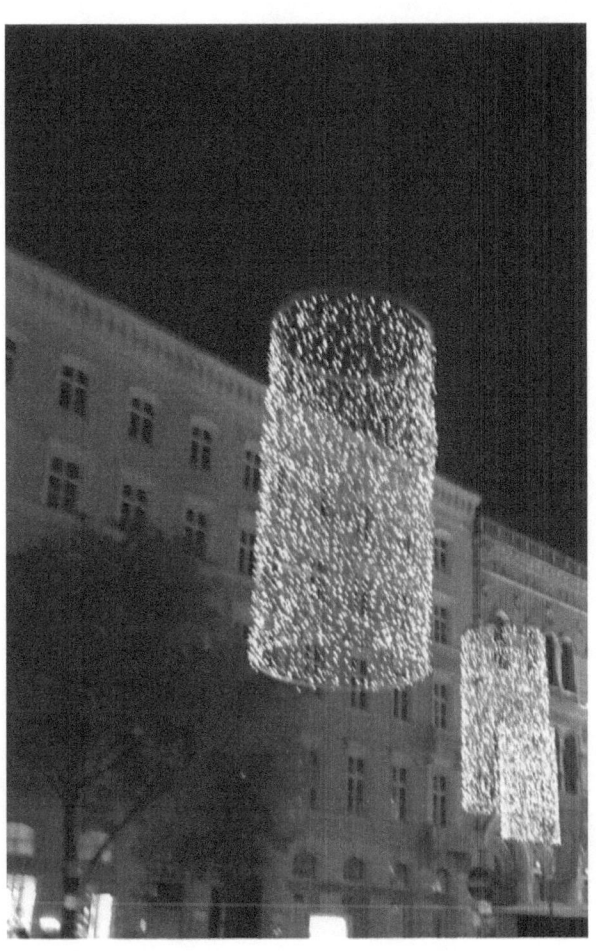

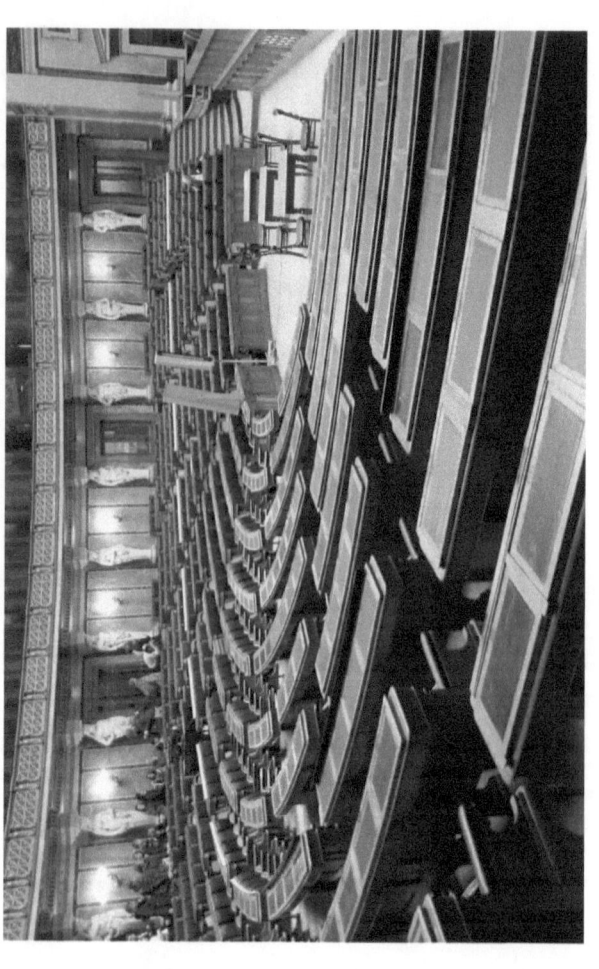

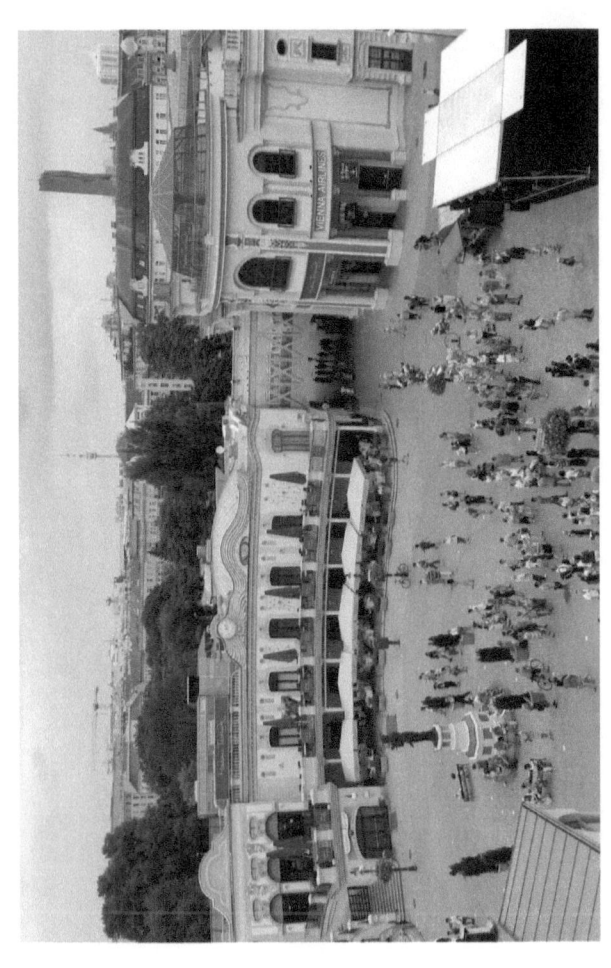

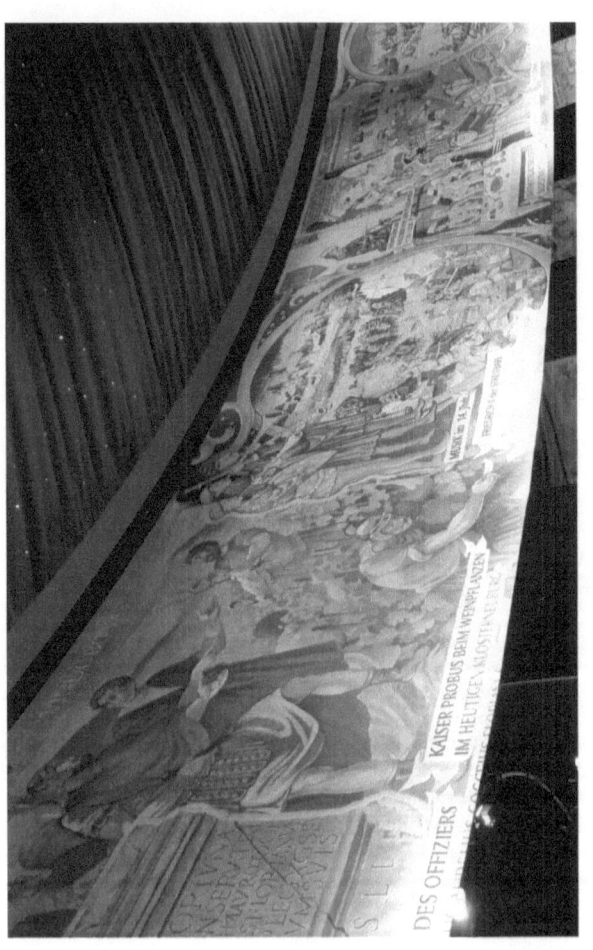

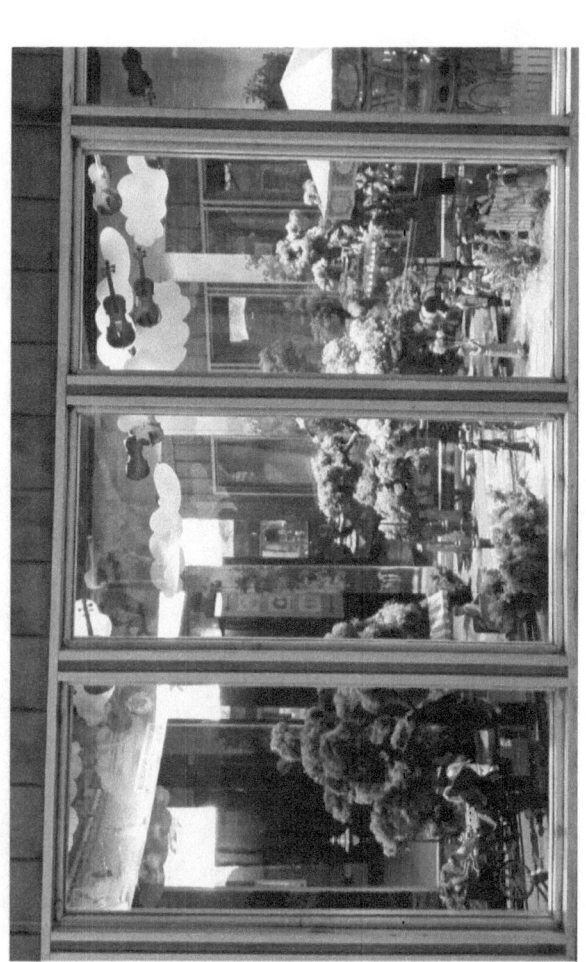

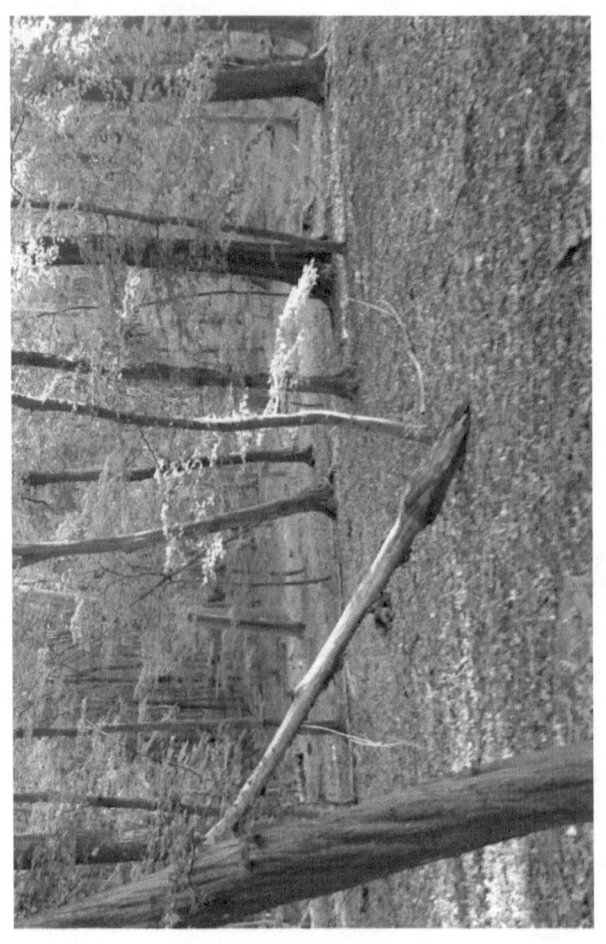

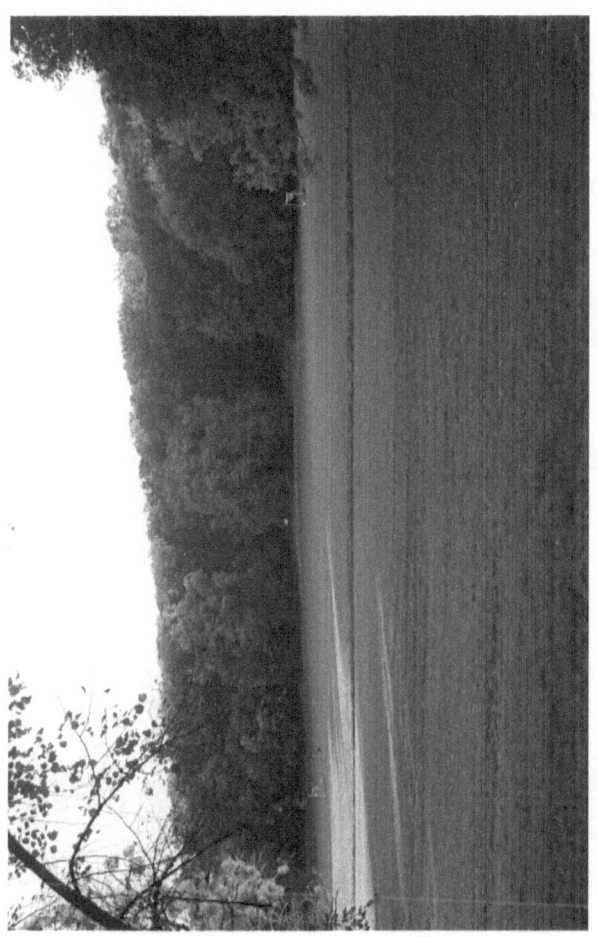

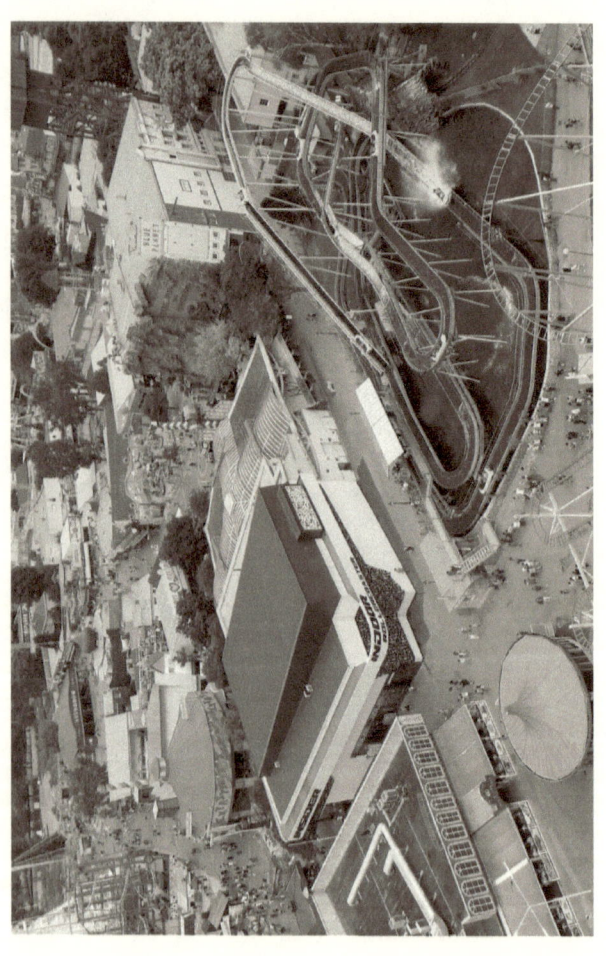

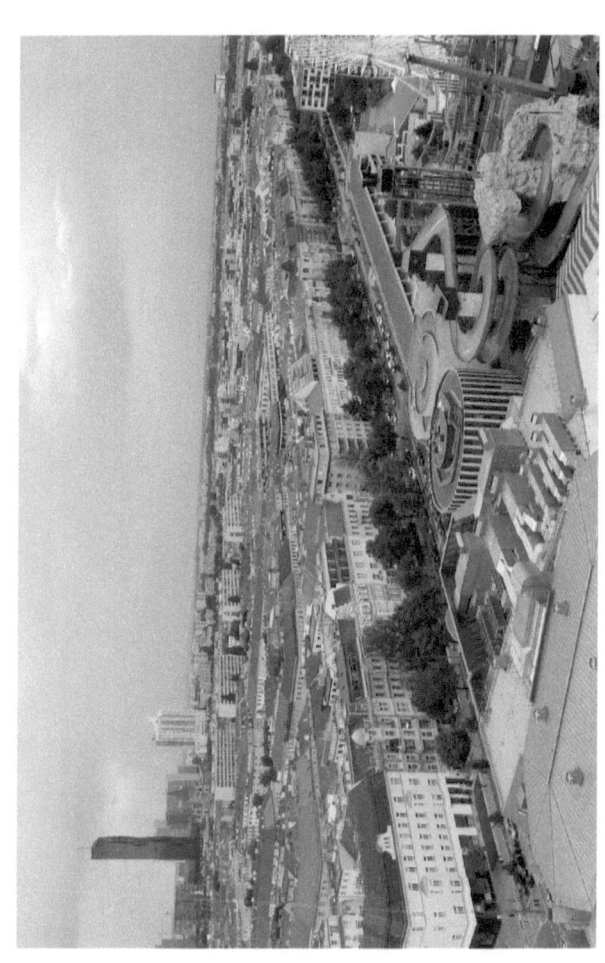